Antologia da
espiritualidade

Chico Xavier

Antologia da espiritualidade

pelo Espírito
Maria Dolores

Copyright © 1971 *by*
FEDERAÇÃO ESPÍRITA BRASILEIRA – FEB

6ª edição – Impressão pequenas tiragens – 2/2024

ISBN 978-85-7328-326-6

Todos os direitos reservados. Nenhuma parte desta publicação pode ser reproduzida, armazenada ou transmitida, total ou parcialmente, por quaisquer métodos ou processos, sem autorização do detentor do *copyright*.

FEDERAÇÃO ESPÍRITA BRASILEIRA – FEB
SGAN 603 – Conjunto F – Avenida L2 Norte
70830-106 – Brasília (DF) – Brasil
www.febeditora.com.br
editorial@febnet.org.br
+55 61 2101 6161

Pedidos de livros à FEB
Comercial
Tel.: (61) 2101 6161 – comercial@febnet.org.br

Adquirindo esta obra, você está colaborando com as ações de assistência e promoção social da FEB e com o Movimento Espírita na divulgação do Evangelho de Jesus à luz do Espiritismo.

Dados Internacionais de Catalogação na Publicação (CIP)
(Federação Espírita Brasileira – Biblioteca de Obras Raras)

D665a	Dolores, Maria (Espírito)
	Antologia da espiritualidade / pelo Espírito Maria Dolores; [psicografado por] Francisco Cândido Xavier. – 6. ed. – Impressão pequenas tiragens – Brasília: FEB, 2024.
	104 p.; 21 cm
	ISBN 978-85-7328-326-6
	1. Poesia espírita. – 2. Obras psicografadas. I. Xavier, Francisco Cândido, 1910-2002. II. Federação Espírita Brasileira. III. Título.
	CDD 133.93
	CDU 133.7
	CDE 80.04.00

Sumário

Maria Dolores 7

1 Vida 9
2 Deus conta contigo 11
3 Confidência 13
4 Divina surpresa 15
5 Cantiga de esperança 19
6 Canção do serviço 23
7 Agradeço, Senhor! 27
8 Onde estiver Jesus 29
9 Escuta, alma querida 31
10 Anseio de amor 33
11 Ouve, coração 37
12 Em louvor da esperança 39
13 Deus te vê 41
14 Falando ao Senhor 45
15 Petições de Natal 47
16 Sofres 49
17 Mas rogo-te, Senhor 51
18 Gratidão pelos amigos 53

19	Moeda bendita	55
20	Ante o Natal	57
21	Oração no templo espírita	59
22	Sempre coração	63
23	De alma para alma	65
24	Tempos novos	67
25	Retrato da amizade	69
26	Onde	71
27	Deus quer misericórdia	73
28	Gratidão	75
29	Colheita	77
30	Cantiga do perdão	79
31	Bendito sejas	83
32	Oração da amizade	85
33	Deus é caridade	87
34	Bendita sejas sempre	91
35	Louvor e súplica	93
36	Conversa com Jesus	95
37	Convite de Natal	97
38	Oração íntima	101

Maria Dolores

Amigos:

Este é um livro
- de amor para os que cultivam a ciência de amar;
- de alegria para os que se rejubilam com as dádivas incessantes da vida;
- de luz para os que se desvencilham da sombra;
- de união para os que se desvelam na sustentação da concórdia;
- de serviço para os que se empenham a servir;
- de esperança para quantos se esforçam na extinção do pessimismo e da angústia;
- de fé para os que trabalham no levantamento do Mundo melhor;
- de bom ânimo para os que perseveram na seara do bem;
- de bênçãos para os que aprendem a agradecer as lições e favores da existência;
- de ascensão espiritual para quantos aspiram a seguir em direção da Espiritualidade superior;

- de oração para os que procuram, no âmago da própria alma, o lugar íntimo e inviolável do culto de gratidão a Deus.

Enfim, este livro de Maria Dolores – a denodada obreira do Bem eterno que todos respeitamos e amamos, enternecidamente, na vida espiritual – é um santuário do coração, descerrado a todos os corações sequiosos de renovação e famintos de paz.

EMMANUEL
Uberaba (MG), 31 de maio de 1971.

~ 1 ~

Vida

Não digas, coração, que a vida é triste,
Porque a vida é grandeza permanente
E a Natureza, em tudo, é um cântico de glória,
Desde o Sol à semente.

Mágoas? Dizes que as mágoas lembram trevas,
Que nem de longe sabes entendê-las...
Contempla o céu noturno, revelando
Avalanches de estrelas.

Asseveras que os sonhos são feridas,
Quais picadas de espinhos agressores...
Fita o verde das árvores podadas,
Recobertas de flores.

Nos dias de aflição, ante a força das provas,
Recorda, na amargura que te oprime,
Que a ostra faz nascer do próprio seio em chaga
A pérola sublime.

Assim também, nas trilhas da existência,
Se choras sem apoio e caminhas sem paz,
Não te queixes do mundo... Serve, ama,
Espera e vencerás.

A vida!... Toda vida é luz eterna,
Escalando amplidões e buscando apogeus...
E a presença da dor, em qualquer parte,
É uma bênção de Deus.

~ 2 ~

Deus conta contigo

Ouço-te, às vezes, coração amigo,
Em torno ao bem, numa questão qualquer:
"Farei... Conseguirei... Conta comigo...
Se Deus quiser, se Deus quiser..."

Mas não te alteres, a pretexto disso,
De segundo a segundo, estrada a estrada,
A vontade de Deus é revelada
Em bondade e serviço.

Fita os quadros da gleba, campo afora;
Tudo o que existe, vibra, luta e sente,
Serve constantemente,
Dia a dia, hora a hora!...

De alvorada a alvorada, o Sol fecundo,
Sem aguardar requerimento,
Garante sem cessar o equilíbrio do mundo
De seu carro de luz no firmamento.

A fonte, a deslizar singela e boa,
Passa fazendo o bem,
Dessedenta, consola, alivia, abençoa
Sem perguntar a quem...

Sem recorrer a humanos estatutos,
Nem a filosofias enganosas,
A laranjeira estende os próprios frutos,
A roseira dá rosas...

O lírio não se ofende nem reclama:
Sobre a terra onde alguém lhe deitou a raiz,
Seja em vaso de estufa ou num trato de lama,
Desabrocha feliz.

Assim no mundo, coração amigo,
Faze o bem onde for, seja a quem for;
Em toda parte, Deus conta contigo
Na tarefa do amor.

~ 3 ~

Confidência

Se eu pudesse, Jesus,
Desejava esquecer
A minha própria imperfeição,
A fim de ser Contigo,
Onde houvesse aflição,
O suave calor
Do braço terno e amigo
Que derrame esperança em todo sofrimento
De modo que, na Terra,
Ninguém padeça em vão.

Queria ser
Uma chama de fé, ao longo do caminho,
Um pingo de bondade a descer persistente
Sobre a rocha do mal em que a treva se fez,
Queria ser migalha de conforto
A todo coração que está sozinho,
Proteção à orfandade,
Companhia à viuvez.

Queria ser a brisa
Que refrigera a mente em cansaço profundo,
Combalida na prova
Quando a tristeza vem,
Queria ser a escora pequenina,
Que sustentasse os náufragos do mundo,
Para o regresso à vida nova,
Pelas vias do bem.

Queria ser a força do silêncio
Que verte do sorriso de brandura
A suprimir o incêndio da revolta
De quem se desespera ou se maldiz;
Queria ser o beijo da alma boa
Que seca o pranto de quem se tortura,
Ante os golpes de lama
Da calúnia infeliz.

Queria ser a prece que afervora
E alivia o doente,
Socorro, de algum modo, a retratar-Te
Queria ser, enfim, ao Teu lado, Senhor,
Alguém que se olvidasse, inteiramente,
Dia a dia, hora a hora,
A fim de ser Contigo, em toda parte,
Uma bênção de amor.

~ 4 ~

Divina surpresa

Alma fraterna e boa,
Se o impulso da prece te abençoa,
Quando queiras orar,
Buscando segurança no Senhor,
Faze em qualquer lugar
O teu louvor ou a tua petição!...

A Terra inteira é um templo
Aberto à inspiração
Que verte das Alturas,
Mas, se quiseres encontrar
O Mestre que procuras,
Atende, alma querida!...
Desce ao vale de lágrimas da vida,
À imensa retaguarda
Onde o consolo tarda...
Ouve a dor da penúria e o pranto da viuvez,
Volve à sombra das margens do caminho
E estende o braço forte

Aos que vagam sem norte,
Na saudade do lar que se desfez!...

Escuta os que se vão
À noite, ao frio e ao vento,
Sem poderem contar o próprio sofrimento,
Famintos de carinho e compreensão...

Para e abraça a criança
Que o desprezo consome
E a doença extermina,
Para e ausculta a nudez, a febre e a fome
Dessa flor pequenina!

Ouve o choro do enfermo que não tem
Senão pó, lama e lágrimas por leito
E, à guisa de aposento, um canto estreito
Na terra de ninguém.

Atentamente, anota em torno os brados
De quem conhece a mágoa no apogeu,
Os tristes corações despedaçados
Que a calúnia venceu...

Vai onde exista aflição,
Oferecendo a cada sofredor

Uma bênção de amor,
E, aí, surpreenderás um divino clarão
Que, dúlcido, irradia
Paz, bondade, alegria...
Em meio dessa luz,
Escutarás Jesus,
Enternecidamente,
A dizer-te, no fundo da alma crente:
— Alma querida, vem!...
Ouço-te a voz na prece, em qualquer parte;
Devo, entanto, esperar-te
Na seara do bem.
Chamaste-me, decerto,
Para saber que Deus ama e compreende em ti!...
Buscavas-me tão longe e aguardo-te tão perto...
Alma boa, eis-me aqui!...

~ 5 ~

Cantiga de esperança

Alma querida,
Por mais que o mundo te atormente
A fé simples e boa,
Por mais te lance gelo na alma crente,
Na sombra que atraiçoa,
Alma sincera,
Escuta!...
Sofre, tolera, aprende, aperfeiçoa,
Porque, de esfera a esfera,
Ninguém consegue a palma da vitória,
Sem apoio na luta.

Espera, que a esperança é a luz do mundo –
Oculta maravilha –
Que, em toda a parte, se revela e brilha
Para a glória do amor.

A noite espera o dia; a flor, o fruto;
O espinho, a rosa; o mármore, o buril.

O próprio solo bruto
Espera o lavrador
Armado de atenção, arado e zelo...

O verme espera o Sol para aquecê-lo.
A fonte amiga que se desentranha
Do coração de pedra da montanha,
Enquanto serve, passa e se incorpora
Aos encargos do rio que a devora,
Espera descansar,
Quando chegue escondida
À paz da grande vida
Que há no seio do mar.

Seja o que for
Que venhas a sofrer,
Abraça o lema regenerador
Do perdão por dever.

Leva pacientemente o fardo que te leva,
Entre o rugir do vento e o praguejar da treva...
Abençoa em caminho
Os açoites da angústia em torvo redemoinho;
Onde não possas, coração,
Entretecer a alegria de louvar,
Cala-te em oração

E segue sem parar,
Amando, restaurando, redimindo...
Edificando, em suma,
Não te revoltes contra coisa alguma!...

Ao vir a tarde mansa
Na doce quietação crepuscular,
Quando a graça do corpo tomba e finda,
Verás como foi alta, nobre e linda
A ventura de esperar.

E, enquanto a noite avança
Para dar-te as visões de uma alvorada nova,
Nas asas da esperança,
Bendirás a amargura, a dor e a prova,
Agradecendo à Terra a bênção de entendê-las.
Subirás, subirás
Para o ninho da luz nas estâncias da paz,
Que te aguarda, tecido em radiações de estrelas!...
Então, compreenderás
Que, além do Mais-além –
No Coração da Altura –,
Deus trabalha, Deus sonha, Deus procura,
Deus espera também!...

~ 6 ~

Canção do serviço

Ouve, alma irmã:
Se pretendes realizar
Uma empresa de amor,
Não te deites à sombra do pesar,
Nem te ponhas a ouvir
O peito fatigado e sofredor...
Para elevar e redimir,
Vencer e edificar,
Em demanda ao porvir,
Sempre melhor sorrir que lastimar.

Sobre a terra, trabalha com teu sonho,
Como o escultor brunindo a pedra bruta,
E nos dias do círculo enfadonho
De amargura, tristeza, cinza e luta,

Lembra-te sempre disso:
Tudo o que a vida guarda

De belo, grande e bom
É força de bondade inflamada em serviço...

Se a calúnia te espia,
Serve mais, dia a dia.

Esmera-te a esquecer aquilo que te ofende,
Pois quem ama, em verdade,
Naquilo em que se agrade ou desagrade,
Tanto mais serve quanto mais compreende.

Se a injúria te atrapalha e a incompreensão te humilha,
Lê a doce cartilha
Que a Natureza escreve, maternal:
Da lama ao céu, por lei da Clemência divina,
O serviço domina
Onde o bem vence o mal.

O regato que alenta
Frondes, frutos, raízes,
Tanto quanto sustenta
As serpentes e os vermes infelizes,
Serve cativo ao chão...

A planta que suprime o martírio da fome
Nasce, cresce, trabalha e se consome,

Torturada e esquecida,
Sem aguardar qualquer compensação,
Para suster-te a vida.
O Sol dissipa as trevas sem barulho,
Dá-se, esplendora e, sem que a noite o vença,
Serve, triunfante e bom, sem migalha de orgulho,
Da cúpula anilada, acolhedora e imensa,
Às furnas abismais!...

Se queres atingir a concretização
Dos teus mais belos ideais,
Alma irmã, serve mais!...

E, alcançando a vitória
Do teu sonho na senda transitória,
Perceberás, então,
Por mais servir e mais aprimorar-te,
Que a presença de Deus, onde transites,
É serviço brilhando em toda a parte
Para o bem sem limites.

~ 7 ~

Agradeço, Senhor!

Agradeço, Senhor,
Quando me dizes "não"
Às súplicas indébitas que faço,
Através da oração.

Muitas daquelas dádivas que peço,
Estima, concessão, posse, prazer,
Em meu caso talvez fossem espinhos,
Na senda que me deste a percorrer.

De outras vezes, imploro-te favores,
Entre lamentação, choro, barulho,
Mero capricho, simples algazarra,
Que me escapam do orgulho...

Existem privilégios que desejo,
Reclamando-te o "sim",
Que, se me florescessem na existência,
Seriam desvantagens contra mim.

Em muitas circunstâncias, rogo afeto,
Sem achar companhia em qualquer parte,
Quando me dás a solidão por guia
Que me inspire a buscar-te.

Ensina-me que estou no lugar certo,
Que a ninguém me ligaste de improviso,
E que desfruto agora o melhor tempo
De melhorar-me em tudo o que preciso.

Não me escutes as exigências loucas,
Faze-me perceber
Que alcançarei além do necessário,
Se cumprir meu dever.

Agradeço, meu Deus,
Quando me dizes "não" com teu amor,
E sempre que te rogue o que não deva,
Não me atendas, Senhor!...

~ 8 ~

Onde estiver Jesus

Onde estiver Jesus, alma querida e boa –
Ilusão, erro, falha apareçam embora,
Inda mesmo se o mal, em torno, desarvora –,
Esclarece, ilumina, ampara, aperfeiçoa.

Onde estiver Jesus, nada se diz à toa;
O engano pede luz onde a verdade mora;
A caridade reina; a esperança, hora a hora,
Alteia-se mais bela; o trabalho abençoa.

Onde estiver Jesus, humilhado ou sozinho,
Nas desfigurações e aleives do caminho,
Inflama-te de amor – sol ardente e fecundo!...

Onde estiver Jesus... Eis que Jesus te espera
A bondade, o perdão, a paz e a fé sincera
Para a glória da vida e redenção do mundo!

~ 9 ~

Escuta, alma querida

(Lendo o Irmão X)

Escuta, alma querida!...
Se alguém te apedrejou o coração,
Não plantes ódio na alma contundida,
Nem pranteies em vão...
Sustenta, no caminho da esperança,
O perdão por dever,
Não te dês à vingança...
Esse alguém vai viver.

Dá sublimado amor que o mundo não descreve,
E, se alguém te despreza com mentiras,
Não repliques, de leve,
Nem lamentos profiras;
Segue à frente, na paz em que te escondas,
Abraçando a humildade por prazer.
Por maior seja o insulto, não respondas...
Esse alguém vai viver.

Seja onde for, se alguém te suplicia,
Sob golpes brutais,
Não reclames, não percas a alegria,
Nem te azedes jamais!
Acende a fé no peito sofredor
E procura esquecer.
Infeliz de quem ri na capa de agressor!...
Esse alguém vai viver.

Escuta, alma querida!...
Quem ofende ou se põe a revidar
Atira fogo e lama à própria vida,
Compra fel e pesar.
Cultiva a compaixão serena e boa,
Envolve todo o mal em benquerer.
Ai daquele que fere ou que atraiçoa!...
Esse alguém vai viver.

~ 10 ~

Anseio de amor

Quando me vi, depois da morte,
Em sublime transporte,
E reclamei contra a fogueira
Que me havia calcinado a vida inteira
Pela sede de amor...

Quando aleguei que fora, em toda estrada,
Folha ao vento,
Andorinha esmagada
Sob o trator do sofrimento...

Quando exaltei a minha dor,
Mágoa de quem amara sempre em vão,
Farta de incompreensão...

Alguém chegou, junto de mim,
E disse assim:
— Maria Dolores,
Você que vem do mundo,

E se diz
Tão cansada e infeliz,
Que notícias me dá do vale fundo
De provação,
Onde a criatura de tanto padecer
Não consegue saber
Se sofre ou não?

Você que diz trazer o seio morto,
Que me pode falar
Dos meninos sem pão e sem conforto,
Das mulheres sem lar,
Dos enfermos sozinhos,
Que a febre e a fome esmagam nos caminhos,
Sem sequer um lençol ou a bênção de uma prece,
Dando graças a Deus, quando a morte aparece?!...

Você, Maria Dolores,
Que afirma haver amado tanto
E que deve ter visto
O sacrifício e o pranto
De quem clama por Cristo,
Suplicando o carinho que não tem,
Que me pode contar daquelas outras dores,
Daquelas outras aflições
Dos que choram trancados em manicômios e prisões,

Buscando amor, pedindo amor,
Exaustos de tristeza e de amargura,
Como feras na grade,
Morrendo de secura,
De solidão, de angústia e de saudade?!...
Benquerer!... Benquerer!...
Ai de mim, que nada pude responder!
Que tortura, meu Deus, a verdade, no Além!...
Calei-me, envergonhada...

Eu apenas quisera ser amada,
Não amara a ninguém...

~ 11 ~

Ouve, coração

Perguntas, coração,
Como sanar as dores sem medida,
De que modo enxugar a lágrima incontida
Sob nuvens de fel e de pesar!...
Recordemos o chão...
Quando o lodo ameaça uma estrada indefesa,
Em cada canto roga a Natureza:
Trabalhar, trabalhar.

Fita o aguaceiro que se fez tormenta.
Ao granizo que estala, o vento insulta;
Seio de mágoas que se desoculta,
A terra, em torno, geme a desvairar...
Mas, finda a longa crise turbulenta,
Sobre teto quebrado, pedra e lama,
Renasce a paz do céu que vibra e chama:
Trabalhar, trabalhar.

Ressurge, inalterado, o Sol risonho,
Não pergunta se o mal ganhou no mundo,

A tudo abraça em seu amor profundo,
A criar e a brilhar!
Recebe cada flor um novo sonho,
Cada tronco uma bênção, cada ninho
Canta para quem passa no caminho:
Trabalhar, trabalhar.

Assim também, nas horas de amargura,
Enquanto a sombra ruge ou desgoverna,
Pensa na glória da Bondade eterna,
Acende a luz da prece tutelar!
E vencerás tristeza e desventura,
Obedecendo à voz de Deus na vida
Que te pede em silêncio, à alma ferida:
Trabalhar, trabalhar.

~ 12 ~

Em louvor da esperança

Escuta, coração:

Quando a mágoa te aflija
E a incompreensão te zurza implacável e rija,
Jamais te dês aos gritos da exaustão!...
Revolta é furacão a sacudir
O campo, o ninho, a escola, o templo, a casa,
E tudo danifica ou tudo arrasa
Quando vem a surgir...
Quando o pranto amarfanhe os olhos teus,
Não mostres tuas lágrimas benditas;
Aprende a recolher no campo em que transitas
Os ensinos de Deus!...
Tudo na Terra é santa aspiração...
Serenamente a planta aguarda o fruto amigo
E o próprio fruto anseia estar contigo
Para a vitória humilde de ser pão.
Nasce a fonte cantando, a borbulhar...
De início é um fio pobre de água mansa,

Mas porque espera, serve e não descansa,
Desce ao bojo do rio e acha a glória do mar!...
O charco espera a mão do lavrador
E, um dia, plasma em lama, lodo e estrume,
Um jarro gigantesco de perfume
A enfeitar-se de flor!...

Nota que a porcelana aprimorada
Foi barro que aceitou a disciplina...
A pérola mais fina
Veio da dor da ostra torturada!...
O violino que atende e se consome
Por dar à melodia apoio e desempenho
Não passava de um lenho
Na floresta sem nome!...

Detém-te, coração, pensando nisso:
No mundo o que há de belo, grande e santo
É persistência e esforço, canto a canto,
Da esperança em serviço!...
Empenha-te a servir, aprender, construir, tolerar,
Lembra que o próprio Deus, no mais alto conceito,
Em tudo é sempre o Amor puro e perfeito
Porque nunca se cansa de esperar!...

~ 13 ~

Deus te vê

Deus te vê, alma querida,
Quando te pões na trilha escura,
Para ajudar aos filhos da amargura
Que tanta vez se vão
Como sombras errantes no caminho
– Chagas pensantes ao relento –,
Entre as nuvens do Pó e as pancadas do Vento,
Com saudades do Pão...

Deus te vê a mensagem de bondade
Com que suprimes ou reduzes
As provações, as lágrimas e as cruzes
Dos que vagam na rua sem ninguém,
E te agradece as posses que despendes,
No auxílio ao companheiro em desamparo,
Seja um tesouro inesperado e raro,
Seja um simples vintém!...
Deus te vê quando estendes braço amigo
Aos que carregam lenhos de tristeza,

Doando-lhes o afeto, o abrigo, a mesa,
O remédio, a camisa, o cobertor...
E, por altos recursos sem que o saibas,
Manda que a Lei te aumente os dons divinos,
Em mais belos destinos,
Para a glória do amor.

Deus te vê na palavra com que ensinas
A senda clara e boa
Da verdade que alenta e que abençoa
Sem perturbar e sem ferir...
E determina aos homens que teu verbo
Seja apoiado, aceito
E ouvido com respeito,
Na construção excelsa do porvir.

Deus te vê quando acolhes sem revide
O golpe da pedrada que te insulta,
O braseiro da ofensa, a dor oculta
Em ferida mortal...
E te louva o perdão espontâneo e sincero
Com que ajudas o Céu no trabalho fecundo
De extinguir sem alarde, entre as sombras do mundo,
A presença do mal!...

Deus te vê através da caridade!...
Mas não só isso... Em paz calada e santa,

Pede alguém que te siga e te garanta
Na jornada de luz!...
E, por isso, onde estás, rujam trevas em torno,
Sofras humilhação, injúria, cativeiro,
Tens contigo um sublime companheiro:
Nosso amado Jesus!...

~ 14 ~

Falando ao Senhor

Senhor!
Se hoje viesses em pessoa
Até nós,
Que te diria eu?
Que milhões e milhões de companheiros
Vagam em desatino
Sem cogitarem de saber
O que são e quem são?
Que a penúria de espírito campeia,
Insuflando amargura e rebeldia,
Sofrimento, ilusão?
Que o medo, em se alastrando,
Na escura inquietação a que se aferra,
Gera conflito e angústia, em toda parte,
Nos caminhos da Terra?
Que a riqueza do ouro não remove
Tristeza e solidão na alma ferida,
Que os engenhos perfeitos do progresso
Não enxugam as lágrimas da vida?

Que te diria eu, Jesus, se te encontrasse?
Que nos condói fitar a multidão
Dos que fogem de si mesmos,
Dando-se à dor maior por onde vão?
Que nos comove contemplar
A inteligência rica e, entretanto, insegura,
Elevando o conforto
Sem saber dissipar as sombras da loucura?

Que diria, Senhor?
Não te diria nada disso,
Pois sabes tudo ver muito mais do que nós,
Rogar-te-ia tão somente
A bendita prisão
Na força do dever
Que me guarde em serviço,
Para que eu saiba compreender
Sem azedume e sem alarme
Como aperfeiçoar-me
Para aceitar-te, enfim,
Porque tudo, Senhor, estará justo e certo,
Do que eu veja no mundo, longe ou perto,
Se a tua luz brilhar dentro de mim.

~ 15 ~

Petições de Natal

Senhor!...
Quando criança,
Se surgia o Natal,
Eu te enfeitava o nome em flores de papel
E te rogava em oração,
Tomada de esperança,
Que me mandasses por Papai Noel
Uma boneca diferente,
Que caminhasse à minha frente
Ou falasse em minha mão...

Noutro tempo, Senhor,
Jovem pisando alfombras cor-de-rosa,
De cada vez que ouvia
Anúncios de Natal,
Deslumbrada de sonho, eu te pedia
Um castelo de amor e fantasia
Para o meu ideal.

Depois... Mulher cansada,
Quando via o Natal, brilhando à porta,
Minha pobre ansiedade quase morta
Multiplicava preces
E suplicava que me desses,
Na velha angústia minha,
A ilusão de ser amada,
Embora, ao fim da estrada,
Fosse triste e sozinha.

Hoje, Senhor,
Alma livre, no Além, onde o consolo me refaz,
Ante a luz do Natal, novamente acendida,
Agradeço-te, em paz,
Contente e enternecida,
As surpresas da morte e as lágrimas da vida!...
E, se posso implorar-te algo à bondade,
Nunca me dês aquilo que eu mais queira,

Dá-me a tua vontade
E o dom da compreensão,
Entre a humildade verdadeira
E a serena alegria,
A fim de que eu te busque, dia a dia,
Mestre do coração!...

~ 16 ~

Sofres

Sofres agravo e injúria, a golpes no caminho;
Entretanto, alma boa,
Se queres carregar as chagas dolorosas
Como espinhos de dor, recobertos de rosas,
Ama, serve e perdoa.

Sofres a ingratidão dos que estimas no mundo,
Arde-te o coração em sofrimento e chama,
Mas, se anseias fazer das lágrimas que choras
Estrelas, orações, risos e auroras,
Perdoa, serve e ama.

Sofres angústias mil pelo ideal que abraças,
Na fé que te abençoa;
Se desejas, porém, achar na mágoa que te alcança
A fonte de água viva da esperança,
Ama, serve e perdoa.
Sofres acusações indébitas na estrada,
Em rajadas de pedra a desfazer-se em lama;

Se procuras, no entanto, a paz e a luz da escola,
Pela luta do bem, ao fel que desconsola,
Perdoa, serve e ama.

Em toda provação que o mal te arme na vida,
Se buscas transformar a sombra que enodoa
Em lições de bondade e canções de alegria,
Perdoa, serve e ama, em tudo, dia a dia,
E seja com quem for, ama, serve e perdoa.

~ 17 ~

Mas rogo-te, Senhor

Senhor, eu te agradeço
Não somente
As horas boas da felicidade,
Em que o meu coração tranquilo e crente
Dá-se ao louvor que te bendiz...
Agradeço igualmente os dias longos,
Em que varo o caminho, a pedra e vento,
Nos quais me ensinas sem barulho,
Através das lições do sofrimento,
Como ser mais feliz.

Agradeço a alegria
Que me dispensas pelas afeições,
A bênção de ternura,
Em cuja luz balsâmica me pões
Sob chuvas de flor;
E agradeço a amargura
Que a incompreensão me traga,
O estilete da crítica ferina,

Que tanta vez me oprime o peito em chaga
Para que eu saiba amar sem reclamar amor.

Agradeço o sorriso da esperança
Com que me fazes crer na verdade do sonho,
A segura certeza com que aguardo
O futuro risonho
Pela fé natural;
E agradeço-te a lágrima dorida,
Com que me alimpas a visão,
A fim de que eu prossiga, trilha afora,
Sem caminhar, em vão,
Sob a névoa do mal.

Agradeço por tudo o que me deste,
A ventura, a afeição, a dor, a prova,
O dom de discernir e o dom de compreender,
O fel da humilhação que me renova
Para que eu permaneça em ti no meu próprio dever...
Mas rogo-te, Senhor,
Quando me veja
Sob a perseguição e o sarcasmo das trevas,
No exercício do bem,
Não me deixes perder a paz a que me elevas,
Nem me deixes ferir ou condenar ninguém.

~ 18 ~

Gratidão pelos amigos

Agradeço, meu Deus,
Em minha prece enternecida,
As almas boas que me deste à vida
No campo da afeição!...
Agradeço os amigos que me emprestas,
Que me toleram falhas e defeitos,
E equilibram-me os passos imperfeitos,
Dando-me paz e luz ao coração.

Agradeço-te, ó Pai,
A sensação confortadora e amena
Com que a palavra deles me asserena,
Em meus dias de dor...
E o silêncio que fazem para as lutas
De que preciso para burilar-me,
Enxugando-me o pranto sem alarme
Pela bênção do amor.
Agradeço o socorro que me trazem,
Mostrando desapego nobre e raro,

Para que eu seja apoio ao desamparo,
Esperança de alguém!...
E a caridade com que me estimulam
A ser trabalho, bênção, alegria,
Aprendendo a viver, dia por dia,
Nos domínios do bem.

Por toda a santa generosidade
Da estima doce e pura
De quantos me recebem sem censura,
Ternos amigos meus!...
Eis-me ao sol da oração,
Para dizer-te, ó Pai do infinito Universo,
Na singela pobreza do meu verso,
Obrigada, meu Deus!...

~ 19 ~

Moeda bendita

Sê bendita, moeda, quando surges
Pelo esforço de alguém,
Amparando outro alguém que te liberta
Por sustento do bem.

Honrada sejas sempre quando atinges
Os mais remotos ângulos do mundo,
À feição de alavanca do progresso
No trabalho fecundo.

Respeitada te vejas como apoio
Na civilização, dia por dia,
Espalhando na Terra, em toda parte,
Reconforto e alegria.

Venerada te mostres sob a forma
Em que o poder humano te estrutura,
A fim de garantir os méritos da escola
No clima luminoso da cultura.

Sê bendita, porém, com mais grandeza
Onde a força que encerras se consome
Para ser pão e luz, abraçando e extinguindo
A penúria sem nome.

Enaltecida sejas com mais glória,
Na sombra em que teu brilho sobrenade
Para lenir a dor que obscurece
As trilhas da viuvez e da orfandade.

Louvada sejas mais ardentemente,
Na mão fraterna e boa que te alcança,
A fim de transformar-te, vida em fora,
Em fé, socorro e paz, caridade e esperança.

Por toda a evolução que orientas e trazes
Onde a vida, moeda, te afeiçoe,
Mas, sobretudo, pelo bem que fazes
Deus te eleve e abençoe.

~ 20 ~

Ante o Natal

Lembrando-Te, Senhor,
A glória ao desabrigo,
Aspiramos a ser
Migalha do Natal permanente Contigo!...

Faze-nos esquecer
As fraquezas e os erros que trazemos
E acolhe-nos na luz,
Na luz eterna dos Teus dons supremos...

Deixa que nós sejamos,
Na exaltação do bem que a Tua vinda encerra,
Inda que seja um traço pequenino
Do amor com que iluminas toda a Terra!...

Concede-nos a bênção de espalhar,
Junto daqueles que a penúria alcança,
O pão que supre a mesa
E o verbo da esperança!...

Onde a tristeza surja e a revolta se expanda
Em tormenta sombria,
Queremos ser Contigo
A semente da paz e o toque da alegria...

Onde o infortúnio chore
Um sonho semimorto,
Anelamos doar, na força de Teu nome,
A palavra de vida e reconforto!...

Ante o Natal de volta às províncias do mundo,
Na doce comoção que nos invade,
Transforma-nos, por fim, em parcela bendita
Da celeste Bondade!...

Ampara-nos, Senhor, até que um dia,
Além de nossas trilhas inseguras,
Possamos nós também cantar, na harmonia dos Anjos:
— Glória a Deus nas Alturas!...

~ 21 ~

Oração no templo espírita

Senhor!
Deixa que eu Te agradeça novamente
As dádivas de amor
Que me fazes aqui...

Devo, Senhor, a Ti
A graça da atenção
E os nobres pensamentos
Dos amigos queridos que me escutam,
Ofertando-me o próprio coração
Nos ouvidos atentos.
É por eles, Jesus, na alavanca da estima,
Que aspiro a caminhar, montanha acima,
Sonhando a evolução,
Com que Te possa ver, em toda parte,
No anseio de encontrar-Te!...
Agradeço-Te, ainda,
De espírito contente,

Este recinto amigo, doce e claro,
Em cujo seio a dor de tanta gente
Encontra proteção, alívio, amparo...

Sobretudo, agradeço
Toda mão que Te serve nesta casa
E toda voz que ensina
A celeste grandeza da doutrina
Em que a Tua palavra descortina,
Ante os filhos da Terra,
O Reino do Amor puro,
Por meta luminosa do futuro.

Agradeço-Te, mais,
O teto generoso,
A luz que me ilumina,
O lápis que me atende,
O perfume de amor que se desprende
Da mesa que me acolhe,
O exemplo dos que sofrem
Sem qualquer rebeldia
E a fé dos que Te buscam, dia a dia,
Doando aqui bondade e entendimento,
Apagando em Teu nome
Toda marca de sombra ou sofrimento.
Por todos os tesouros que nos dás,

Neste pouso de paz
Que fulgura ao clarão da esperança bendita,
– Tesouros de alegria, vida e luz –
Deixa que eu Te repita:
— Obrigada, Jesus!...

~ 22 ~

Sempre coração

Para exaltar a glória da bondade,
Não digas, alma irmã, que nada tens.
De gota a gota, o mar se consolida
E, migalha em migalha, a grandeza da vida
É um mar excelso de infinitos bens.

Caridade recorda a natureza
Que na bênção de Deus se concebe e aglutina,
Revelando no todo,
Da cúpula do Céu às entranhas do lodo,
Que a presença do amor é sempre luz divina.

A bolsa generosa em socorro fraterno
Lembra o Sol a servir, tanto quanto fulgura,
Mas o vintém doado em auxílio a quem chora
É o copo de água pura à sede que devora
A solidariedade em forma de ternura.
A fortuna em serviço é a usina poderosa
Da civilização na força que lhe empresta,

Garantindo o progresso, a cultura e a beleza,
Mas da espiga singela é que o pão vem à mesa
E da semente humilde é que nasce a floresta.

O prato, o cobertor, a roupa restaurada,
Um traço de carinho em amparo de alguém,
Podem ser, alma irmã, o complemento justo,
Para que se nos faça o regresso sem custo
Ao campo de trabalho e à integração no bem.

Nunca fales "não tenho" e nem digas "não posso",
Traze ao louvor de bem o braço amigo e irmão,
Um sorriso a quem passa ao vento e ao desalinho,
Uma flor de esperança às pedras do caminho,
Que a caridade, em tudo, é sempre coração.

~ 23 ~

De alma para alma

Escuta, alma querida!
Ante as perturbações e os empeços da vida,
Onde não possas ajudar
A dissipar a treva e extinguir o pesar,
Nada fales, em vão!...
Uma palavra, às vezes, tão somente,
Na moldura de um gesto irreverente,
Basta para espancar o coração.

Se anotas sombra e dor, por onde jornadeias,
Dá consolo e respeito às aflições alheias...
Tempo vai, tempo vem...
E assim como o carvão se faz diamante puro,
Na forja do destino, em louvor do futuro,
Todo mal se converte em coluna do bem.
Usa o verbo, esparzindo novas luzes,
Não condenes, não firas, não acuses!...
Onde enxergares pedra, lodo, espinho,
Cobre de paz e amor as lutas do caminho.

Francisco Cândido Xavier | Maria Dolores

Lembremos nossos erros, teus e meus!...
Todos sofremos provas, alma boa,
Trabalha, serve, ajuda, ama, abençoa
E encontrarás contigo a presença de Deus.

~ 24 ~

Tempos novos

Alma querida, escuta!...
Um mundo diferente, às súbitas, se eleva
Do presente ao porvir... E, quase gênio alado,
O homem percorre o Espaço e vence a força e a treva!...

O cérebro se exalça ao sol da inteligência
E tateia o Universo, entre surpreso e aflito.
Deus permite às nações congregadas na Terra
Mais um passo de luz à frente do Infinito.

Mas ouve e pensa!... Enquanto
O fórceps da Ciência arranca a nova Era
Ao claustro do passado, ante a glória futura,
A construção do Amor anseia, sonha, espera...

A civilização refulge nas vanguardas,
Varre os pisos do mar, ganha os vales da Lua;
No entanto, em toda a Terra, o sofrimento avança,
A discórdia se alastra, o ódio continua...

Louvemos com respeito a ideia resplendente
Que exalta a evolução nos áureos tempos novos;
Atendamos, porém, à fé que nos convida
A resguardar, em paz, a elevação dos povos.

Ao choque das paixões, Cristo ressurge e fala!...
– É a Verdade, o Roteiro, a Direção segura,
E chama-nos, de volta, à estrada redentora,
Na pessoa do irmão que a sombra desfigura!

Espalhemos os bens que o Senhor nos empresta
Do tesouro imortal de nossa excelsa herança:
Auxílio, compreensão, beneficência, apoio,
Refúgio, compaixão, alegria, esperança!...

Onde a penúria chora e a revolta esbraveja,
Onde o mal se amontoa e a aflição nos espia,
Conduzamos o pão, a veste, a luz, o amparo,
O verbo que restaura, a bênção que alivia...

Alma querida, escuta!... O progresso, por vezes,
Lembra granizo e fogo, em tormentas no ar!...
Mas Jesus vem conosco e nos pede a caminho:
Dar, entender, servir, recompor, trabalhar...

~ 25 ~

Retrato da amizade

Agradeço, alma fraterna e boa,
O amor que no teu gesto se condensa,
Deixando, ao longe, a festa, o ruído e o repouso
Para dar-me a presença...
Sofres sem reclamar, enquanto exponho
Minhas ideias diminutas
E anoto como é grande o teu carinho,
No sereno sorriso em que me escutas.
Não sei dizer-te a gratidão que guardo
Pelas doces palavras que me dizes,
Amenizando as lutas que carrego
Em meus impulsos infelizes...
Auxilias-me a ver, sem barulho ou reproche,
Dos trilhos para o bem o mais certo e o mais curto,
Sem cobrar pagamentos ou louvores
Pelo valor do tempo que te furto.
Aceitas-me, no todo como sou,
Nunca me perguntaste de onde vim,
Nem me solicitaste qualquer conta

Da enorme imperfeição que trago em mim!...
Agradeço-te, ainda, o socorro espontâneo
Que me estendes à vida, estrada afora,
Para que as minhas mãos se façam mensageiras
De consolo a quem chora!...
Louvado seja Deus, alma querida e bela,
Pelo conforto de teu braço irmão,
Por tudo o que tens sido em meu caminho,
Por tudo o que me dás ao coração!...

~ 26 ~

Onde

Onde escutes a voz
Que blasfema, ironiza, amaldiçoa,
Não ponhas discussão agravando o azedume;
Ao invés de revide,
Usa sem mágoa o verbo que abençoa.

Onde o crime enlameie,
Com temerários ímpetos de fera,
A face da existência,
Não atires instinto contra instinto,
Semeia a tolerância! Ajuda e espera!...

Onde o erro domine,
Entretecendo cárceres e dores,
Não deites pedras no caminho alheio,
Patenteia a verdade sem reproche,
Dando bondade e luz por onde fores.
Onde o fracasso grite,
No cortejo de sombras em que avança,

Não repouses no chão de desalento,
A ninguém desanimes...
E recupera o clima da esperança.

Onde o mal apareça,
Azorragando o mundo sofredor,
Procuremos com Deus a infinita Bondade
E sejamos em paz, pelos dons do serviço,
Uma bênção de amor.

~ 27 ~

Deus quer misericórdia

Se confias em Deus, alma querida,
Vem com Jesus, do lar, que te resguarda e eleva,
Ao vale da aflição onde vagam na sombra
Os romeiros da angústia e as vítimas da treva!...
Na crença que te nutre, acende a chama
Do amor que te desvende, trilha afora,
Os convidados dele ao banquete da vida,
Os que formam na Terra a multidão que chora.
Vamos!... Jesus, à frente, nos precede,
Insistindo por nós, de caminho a caminho,
E pede proteção ao que segue em penúria,
Reconforto a quem vai padecente e sozinho...
Aqui, passam em bando, aos ímpetos do vento,
Pequeninos sem fé, sem apoio, sem nome.
Que fazem? De onde vêm? Aonde vão? Ninguém sabe
E nem sabe explicar a mágoa que os consome;
Ali, geme, sem-teto, o doente esquecido,
Além, tropeça e cai, sem a escora de alguém,
O velhinho largado à vastidão da noite,

Que recebe, por leito, a terra de ninguém;
Mais adiante, é a viuvez cansada de abandono,
Almas na solidão de torturante espera,
Implorando socorro ao telheiro vazio
A recolher somente a dor que as dilacera;
Flagelam-se, mais longe, os tristes companheiros
Que andaram sem pensar, nas veredas do crime,
Rogando leve olhar de bondade e esperança,
Numa frase de paz que os restaure e reanime!...
Ante os erros que encontres, não censures
Nem te queixes... Trabalha, alma querida!...
Deus quer misericórdia!... Ama, serve, abençoa
E Deus te susterá nas provações da vida.
Vem como és e auxilia quanto possas,
Nem clames pelo Céu, sonhando em vão!...
Nosso Senhor te aguarda tão somente,
Traze teu coração!...

~ 28 ~

Gratidão

Agradeço, alma irmã, por tudo o que me deste,
O auxílio fraternal, generoso e sem preço –
O teto, o lume, o prato, o reconforto, a veste –
Tudo isso agradeço...

Sobretudo, alma boa,
Deus te compense o coração amigo,
Por teu olhar de paz que me alenta e abençoa
Na estrada em que prossigo.

Viste-me em solidão –
Esperança caída sem ninguém...
Deste-me apoio com teu braço irmão
E ergui-me de alma nova para o bem!...

Não há palavra com que te defina
O reconhecimento que me invade,
Ao sentir-te no amparo a presença divina
Da celeste Bondade.

Francisco Cândido Xavier | Maria Dolores

Deus te guarde no excelso resplendor
Da luz com que me aqueces todo o ser,
Porque me refizeste a certeza do amor,
A bênção de servir e a força de viver.

~ 29 ~

Colheita

Se consegues guardar o coração
Sem queixumes em vão,
Além das nuvens densas,
Feitas em vibrações de sarcasmos e ofensas,
Sem que a força da fé se te degrade,
Quando rugem, lembrando tempestade...

Se olhas para o mal que te rodeia,
Respeitando, em silêncio, a luta alheia,
Se não te fere ouvir
A expressão que te espanca ou te censura,
No verbo avinagrado da amargura,
Sem alterar teu sonho de servir...

Se logras conservar a luz no pensamento,
Ante os assaltos do tufão violento,
Que se forma da injúria que atraiçoa,
E trabalhas sem mágoa e ajudas sem tristeza,

Plantando o reconforto, a bondade e a beleza,
Sem perder a esperança na alma boa...

Se já podes, enfim,
Converter toda lama em trato de jardim
E criar alegria em tua própria dor,
Para auxílio a quem chora ou socorro de alguém,
Então terás chegado à compreensão do bem,
Para viver em paz, na vitória do amor!...

~ 30 ~

Cantiga do perdão

Não te iludas, amigo,
Por mais se expandam lágrimas contigo,
Todo lamento é vão...

Tudo o que tende para a perfeição,
Todo o bem que aparece e persiste no mundo
Vive do entendimento harmônico e profundo,
Através do perdão...
Perdão que lembre o Sol no firmamento,
Sem se fazer pagar pelo foco opulento,
A vencer, dia a dia,
A escuridão da noite insondável e fria
E a nutrir, no seu longo itinerário,
O verme e a flor, o charco e o pó, o ninho e a fonte,
De horizonte a horizonte,
Quanto for necessário.
Perdão que nos destaque a lição recebida
Na humildade da rosa,
Bênção do céu, estrela cetinosa,

Que, em vez de pousar sobre o diamante,
Desabrocha no espinho,
Como a dizer que a vida,
De caminho a caminho,
Não despreza ninguém,
E bela, generosa, alta e fecunda,
Quer que toda maldade se transfunda
Na grandeza do bem...

Perdão que se reporte
À brandura da terra pisoteada,
Esquecida heroína de paciência,
Que acolhe, em toda parte, os detritos da morte
E sustenta os recursos da existência,
Mãe e escrava sublime de amor mudo,
Que preside, em silêncio, ao progresso de tudo!...

Amigo, onde estiveres,
Assegura a certeza
De que o perdão é Lei da Natureza,
Segurança de todos os misteres.

Perdoa e seguirás em liberdade
No rumo certo da felicidade.

Nas menores tarefas que realizes,
Para lembrar sem sombra os instantes felizes

Na seara da luz,
Na qual a Luz de Deus se insinua e reflete,
É forçoso exercer o ensino de Jesus
Que nos manda perdoar
Setenta vezes sete
Cada ofensa que venha perturbar
O nosso coração;
Isso vale afirmar,
Na senda de ascensão,
Que, em favor da vitória,
A que aspiras na luta transitória,
É mais do que importante, é essencial
Que te esqueças, por fim, de todo mal!...
E que, em tudo, no bem a que te dês,
Seja aqui, mais além, seja agora ou depois,
Deus espera que ajudes e abençoes,
Compreendendo, amparando e servindo outra vez!...

~ 31 ~

Bendito sejas

Bendito sejas, coração amigo,
Pelo pão que dás, à porta,
Ao companheiro que se desconforta,
Na aflição da penúria sem abrigo!...

Deus te faça feliz pela roupa que ofertas
Aos torturados do caminho,
Que tanta vez se vão no desalinho
Das feridas que trazem descobertas...

Deus te conceda o prêmio da ventura
Pela ternura sorridente
Com que levas ao doente
O amparo do remédio e a esperança da cura.

Deus te guarde na fonte da alegria,
Para lenir, no esforço a que te dês,
A orfandade e a viuvez
Que vivem para a dor de cada dia.

Deus, porém, te abençoe, coração brando e pasmo,
Com a mais sublime recompensa,
Quando olvidas a intromissão da ofensa,
O golpe da injustiça e a pedra do sarcasmo.

Deus te exalte no santo esquecimento
Do mal que te golpeia,
Reduzindo a extensão da chaga alheia
Sem cogitar do próprio sofrimento.

Bendito sejas, coração submisso,
Embora sábio entre os mais sábios,
Pela palavra boa de teus lábios,
No exemplo da bondade e do serviço,
Porque o amor transforma a sombra em luz
E o perdão, onde ampare, nunca erra,
Auxiliando a vida em toda a Terra
Para o Reino divino de Jesus.

~ 32 ~

Oração da amizade

Agradeço, Senhor,
Cada afeição querida
Com que me deste à vida
Alegria, esperança, entendimento, amor!...

Enaltece, por mim, a amizade que vem
Resguardar-me a fraqueza em caridade infinda,
Sem perguntar por que não posso ainda
Entregar-me de todo à prática do bem.

Sê louvado, Jesus, pela criatura boa
Que me escora em caminho,
Estendendo-me paz, reconforto e carinho,
Toda vez que me encontra, auxilia ou perdoa.

Faze brilhar, no mundo, o olhar brando e perfeito
Que me tolera as faltas, de hora a hora,
Que me percebe o anseio de melhora
E me ensina a servir sem notar meu defeito...

Santifica, na Terra, o ouvido que me escuta,
Sem espalhar a queixa e as aflições que faço,
Nos erros que cometo, passo a passo,
Nos meus dias de mágoa, sombra e luta!...

Abrilhanta, onde esteja, aquele coração
Que me acolhe nos dons da palavra serena
E nunca me censura e nem condena,
Quando me vejo em treva e irritação.

Recama de esplendor para a Glória celeste
A mão, cuja bondade, em júbilo, proclamo,
Que me socorre e ampara aqueles que mais amo
No refúgio do lar que me fizeste.

A ti, Jesus, meu pálido louvor!...
Pelo gesto mais leve e pequenino
Das santas afeições que me deste ao destino,
Agradeço, Senhor!...

~ 33 ~

Deus é caridade

(Lembrança aos companheiros
da Doutrina Espírita)

Não guardes e nem fales, coração,
Palavras de azedume ou desesperação.
O verbo que escarnece, esfogueia, envenena,
Traz em si mesmo a dolorosa pena
De amarga frustração!

Muitas vezes nós mesmos, trilha afora
No pensamento que se desarvora,
Nas teias da ilusão sem motivo ou sem base,
Para sair do mal e regressar ao bem
Precisamos apenas de uma frase
Do carinho de alguém!

Na dor que nos renova,
Quantas vezes na vida a gente espera
Simplesmente um sorriso,
Para fazer o esforço que é preciso,

A fim de não perder nas lágrimas da prova
A paz da fé sincera!...

Pensa nisso e abençoa
Aquela própria mão que te espanca ou aguilhoa.
Fel, tristeza, amargura,
Transformam desventura em maior desventura!
Se a mágoa te domina,
Observa a lição da Bondade divina!
Se o homem tala o campo aos horrores da guerra,
Deus recama de verde as úlceras da Terra.
Cerre-se a noite fria,
Deus recompõe sem falta os fulgores do dia.
Atire-se um calhau à fonte na espessura,
Deus protege a corrente
E a fonte lava a pedra a beijos de água pura
E prossegue indulgente,
Doce, clara, bendita,
Fertilizando o campo em que transita.
Isole-se a semente pequenina
Na clausura do chão
E eis que Deus a ilumina
E ela faz a alegria e a fartura do pão!
Que a poda fira a planta a golpes destruidores
E Deus reveste o tronco em auréolas de flores!...
Conquanto seja em tudo a Justiça perfeita

Que nos premia, ampara, aprimora e endireita
Pelo poder do amor incontroverso,
Deus quer que a lei do amor seja cumprida
Para a glória da vida,
Nas mais remotas plagas do Universo!

Serve, pois, coração,
À tolerância, à paz, à bondade e à união!
Embora desprezado, anônimo, sozinho,
Agradece, em silêncio, a injúria, o pranto, o espinho
E serve alegremente...
Dor é nova ascensão à Vida superior!...
Rende-te a Deus e segue para a frente,
Pois Deus é Caridade e a Caridade ardente
Tudo cobre de amor!...

~ 34 ~

Bendita sejas sempre

Bendita sejas sempre, mão fraterna,
Que distribuis, caminho afora,
A segurança, o teto, a proteção e a mesa
Para sanar a dor da penúria que chora.

Bendita sejas pelo pano amigo,
Que entreteces ou limpas, a contento,
Suprimindo a nudez de quem vai pela estrada,
Ante a injúria do pó, sob os golpes do vento.

Bendita sejas no desprendimento,
Com que dás a moeda, em sentido profundo,
No louvor ao trabalho e no apoio à bondade,
Reduzindo a aflição e a tristeza do mundo.

Bendita sejas na abnegação,
Sem que louros quaisquer busques ou vises,
Quando estendes a bênção da esperança
Aos irmãos fatigados e infelizes.

Bendita sejas pelo reconforto
Na generosidade doce e franca,
Quando levas consolo e lenitivo
Àqueles que a doença, humilha e espanca.

Bendita sejas na fidelidade
Com que te santificas no amor puro,
Em resguardando a infância desprezada,
Edificando as bases do futuro.

Bendita sejas pela ideia nobre,
Com que gravas o Bem, na frase que te encerra,
Iluminando o verbo, onde o verbo se inscreva
Para a sublimação de toda a Terra!...

Bendita sejas sempre, mão criadora,
Em ti, a caridade, atingindo apogeus,
Revela, em toda parte, o Sol do Entendimento,
A Grandeza da Vida e a Presença de Deus.

~ 35 ~

Louvor e súplica

Deus de eterna bondade,
Em prece de louvor,
Entrego-Te minha alma!...

Sê bendito, meu Pai,
Por todos os recursos,
Ferramentas, processos e medidas
Dos quais Te utilizaste,
A fim de que eu perceba
Que tudo devo a Ti...

Agradeço-Te, pois,
O tesouro da vida,
A presença do amor,
A constância do tempo,
O sustento da fé,
O calor da esperança que me acena ao porvir,
O santo privilégio de servir,
O pensamento reto

Que me faz discernir
O que é mal e o que é bem,
Na clara obrigação
De nunca desprezar ou de ferir alguém!...
Agradeço-Te, ainda,
A visão das estrelas
A esmaltarem de glória o lar celeste,
As flores do caminho.
Os braços que me amparam
E os gestos de carinho
Dos corações queridos que me deste!...

Por tudo Te agradeço...
E quando Te aprouver
Despojar-me dos bens com que me exaltas,
Ensina-me, Senhor, a devolver
Tudo que me emprestaste...
Mas, por piedade, ó Pai,
Deixa-me em tudo,
Por apoio e dever,
A bênção de aceitar
E o dom de compreender!...

~ 36 ~

Conversa com Jesus

Senhor! Não lastimamos tanto
Contemplar no caminho a penúria sem nome,
Porque sabemos que socorrerás
Os famintos de pão e os sedentos de paz;
Dói encontrar na vida
Os que fazem a fome.

Ante aqueles que choram
Não lamentamos tanto,
Já que estendes o braço
Aos que gemem de angústia e de cansaço;
Deploramos achar nas multidões do mundo
Os que abrem na Terra as comportas do pranto.

Não lastimamos tanto os que se esfalfam
Carregando a aflição de férrea cruz,
De vez que nós sabemos quanto assistes
Os humildes e os tristes;

Lastimamos os cérebros que brilham
E sonegam a luz.

Não deploramos tanto os que suportam
Sarcasmo e solidão na carência de amor,
Porquanto tens as mãos, hora por hora,
No consolo e no apoio a todo ser que chora;
Lamentamos fitar os amigos felizes
Que alimentam a dor.

É por isso, Jesus, que nós te suplicamos:
Não nos deixes seguir-te o passo em vão,
Que o prazer do conforto não nos vença,
Livra-nos de tombar no pó da indiferença...
Inda que a provação nos seja amparo e guia,
Toma e guarda em serviço o nosso coração.

~ 37 ~

Convite de Natal

Enquanto a glória do Natal se expande,
Aqui, ali, além,
Toda a Terra se veste de esperança
Para a festa do bem!...

Natal!... Refaz-se a vida, alguém ressurge,
Nos clarões com que o Céu se te anuncia...
É Jesus a pedir-te que repartas
Do teu pão de alegria.

Para louvar-lhe os dons da Presença divina,
Não digas, alma irmã, que nada tens;
A riqueza do amor, no coração fraterno,
É o maior de teus bens...

Quando o dia se esvai e a noite desce,
Ao comando da sombra que a domina,
Para varrer a escuridão da estrada
Basta a luz de uma vela pequenina.

O deserto se esfalfa em longa sede,
Na solidão em que se configura...
Se chega simples fonte,
Ei-lo mudado em flórida espessura!...

Ninguém sabe tão bem, senão aquele
Que a penúria desgasta ou desconforta,
O valor de uma veste contra o frio,
O tesouro de um prato dado à porta.

A migalha de força é a base do Universo,
Desde a furna terrestre à estrela mais remota!...
Todo livro se escreve, letra a letra,
Compõe-se a melodia, nota em nota...

Alma irmã, no serviço da bondade,
Jamais te afirmes desfavorecida...
Pobres sementes formam ricas messes!
Assim também na vida...

O cobertor, o pão, a prece, o abraço,
Uma frase de paz e compreensão
Podem criar prodígios de trabalho,
De reconforto e de ressurreição!...
Natal!... Dá de ti mesmo o quanto possas,
No amparo à retaguarda padecente;

Toda bênção de auxílio é socorro celeste,
Que Deus amplia indefinidamente.

Natal!... Recorda o Mestre da Bondade!...
Ele, o Cristo e Senhor,
Acendeu sobre a Terra o sol do novo Reino
Com migalhas de amor!...

~ 38 ~

Oração íntima

Senhor!... Tu que me deste
Paz e consolo à vida,
Não me dês condição
Para espalhar na vida a sombra da discórdia,
Ou estender na estrada as pedras da aflição...

Tu que acendeste em mim
A luz do entendimento,
Na fé com que me alteias,
Não consintas, Jesus, que eu suprima a esperança
Das estradas alheias.

Tu que me concedeste o verbo edificante
Que nos induz
À prática do bem,
Nunca me deixes formular palavra,
Capaz de condenar ou de ferir alguém.

Tu que me desvendaste
O sublime valor da provação,

Que a lei de causa e efeito determina,
Não me faças entregue à queixa e ao desencanto,
Em que eu possa esquecer a Justiça divina.

Tu que me conferiste o privilégio
E a bênção do serviço,
Como ensejo celeste e dom perfeito,
Não permitas que eu viva sem trabalho,
Desfrutando o descanso sem proveito.

Naquilo que eu deseje
E naquilo que eu sinta, pense, diga ou faça,
Contrariamente à eterna lei do amor,
Em tudo quanto eu queira sem que o queiras,
Não me aproves, Senhor!...

O QUE É ESPIRITISMO?

O Espiritismo é um conjunto de princípios e leis revelados por Espíritos Superiores ao educador francês Allan Kardec, que compilou o material em cinco obras que ficariam conhecidas posteriormente como a Codificação: *O livro dos espíritos, O livro dos médiuns, O evangelho segundo o espiritismo, O céu e o inferno* e *A gênese*.

Como uma nova ciência, o Espiritismo veio apresentar à Humanidade, com provas indiscutíveis, a existência e a natureza do Mundo Espiritual, além de suas relações com o mundo físico. A partir dessas evidências, o Mundo Espiritual deixa de ser algo sobrenatural e passa a ser considerado como inesgotável força da Natureza, fonte viva de inúmeros fenômenos até hoje incompreendidos e, por esse motivo, são tidos como fantasiosos e extraordinários.

Jesus Cristo ressaltou a relação entre homem e Espírito por várias vezes durante sua jornada na Terra, e talvez alguns de seus ensinamentos pareçam incompreensíveis ou sejam erroneamente interpretados por não se perceber essa associação. O Espiritismo surge então como uma chave, que esclarece e explica as palavras do Mestre.

A Doutrina Espírita revela novos e profundos conceitos sobre Deus, o Universo, a Humanidade, os Espíritos e as leis que regem a vida. Ela merece ser estudada, analisada e praticada todos os dias de nossa existência, pois o seu valioso conteúdo servirá de grande impulso à nossa evolução.

FEB editora
Livro espírita para um novo mundo
www.febeditora.com.br
@febeditoraoficial
@febeditora

Conselho Editorial:
Jorge Godinho Barreto Nery – Presidente
Geraldo Campetti Sobrinho – Coord. Editorial
Cirne Ferreira de Araújo
Evandro Noleto Bezerra
Maria de Lourdes Pereira de Oliveira
Marta Antunes de Oliveira de Moura
Miriam Lúcia Herrera Masotti Dusi

Produção Editorial:
Elizabete de Jesus Moreira

Revisão:
Elizabete de Jesus Moreira
Idalina Bárbara de Castro

Capa, Projeto Gráfico e Diagramação:
Fernanda Falleiros Wirth Chaibub

Foto de Capa:
http://www.shutterstock.com/ Robert Adrian Hillman

Normalização Técnica:
Biblioteca de Obras Raras e Documentos Patrimoniais do Livro

Esta edição foi impressa no sistema de Impressão pequenas tiragens, todos em formato fechado de 140x210 mm e com mancha de 96x135mm. Os papéis utilizados foram o Off white 80 g/m² para o miolo e o Cartão 250 g/m² para a capa. O texto principal foi composto em fonte Adobe Garamond Pro 11,5/15 e os títulos em Dosis 17/37. Impresso no Brasil. *Presita en Brazilo.*